JN495435

내가 만나본

새들의 세상

내가 만나본 새들의 세상

© 김지호, 2012

1판 1쇄 발행_2012년 07월 10일
1판 1쇄 발행_2012년 07월 20일

지은이_김지호
그린이_권지은
펴낸이_홍정표

펴낸곳_컴원미디어
등록_제 6-759호

공급처_(주)글로벌콘텐츠출판그룹
이 사_양정섭
디자인_김미미
기획·마케팅_노경민 배정일 배소정
경영지원_안선영
주 소_서울특별시 강동구 길동 349-6 정일빌딩 401호
전 화_02-488-3280
팩 스_02-488-3281
홈페이지_www.gcbook.co.kr
이메일_edit@gcbook.co.kr

값 12,000원
ISBN 978-89-92475-50-1 03490

· 이 책은 본사와 저자의 허락 없이는 내용의 일부 또는 전체를 무단 전재나 복제, 광전자 매체 수록 등을 금합니다.
· 잘못된 책은 구입처에서 바꾸어 드립니다.

내가 만나본

새들의 세상

글/사진_김지호

컴원미디어

머리말

중3 때 분당지역에서 생태 동아리 활동을 시작할 무렵만해도 이렇게 책을 내게 될 줄은 꿈에도 생각하지 못했다. 고등학교에 입학한 뒤 분당 아름방송 시민기자로 활동하면서 새를 더 좋아하게 되었다. 방송에 쓰일 영상을 촬영하면서 나도 모르게 새들의 세상에 빠져들었던 같다.

분당지역은 새를 관찰하기가 참 좋다. 남북으로 탄천이 길게 흐르고 있어서 겨울 철새 오리들을 관찰할 수가 있다. 더군다나 탄천은 물이 얼지 않기 때문에 겨울 철새들이 끊임없이 날아온다. 고방오리, 쇠오리, 넓적부리, 알락오리, 비오리, 청둥오리, 흰빰검둥오리 등 셀 수 없이 많다. 그 가운데 고방오리는 탄천의 대표적인 겨울 철새로 자리잡은 것 같다.

우리 지역에는 산도 많다. 특히 영장산에는 다양한 새들이 산다. 멧비둘기, 붉은머리오목눈이, 오목눈이, 어치, 노랑턱멧새 같은 텃새들도 많고, 되지빠귀나 호랑지빠귀, 뻐꾸기, 파랑새, 꾀꼬리, 흰눈썹황금새 같은 여름 철새들도 많이 보인다. 새들을 촬영하면서 의외로 새들이 깊은 산보다 산 가장자리에 더 많이 살고 있다는 사실을 알았다. 새들은 심지어 사람들 사는 아파트 근처까지 내려와 둥지를 짓고 새끼들을 기르기도 한다.

멀지 않은 곳에 남한산성이 있는 것도 행운이었다. 특히 남한산성 샘물은 겨우내 물이 나와서 겨울 철새들을 그곳에서 관찰할 수 있었다. 영하 10도가 넘는 추위 속에서 도감에서나 나오는 양진이, 긴꼬리홍양진이 같은 예쁜 새를 보는 순간은 말로 표현할 수가 없다.

추위보다 견디기 힘든 건 더위였다. 그것보다 더 힘들었던 건 모기였다. 위장막에 들어가 있을 때 수시로 모기가 들어와 내 살을 물어뜯었는데, 모기약을 아무리 뿌려도 소용없었다. 그래도 새가 도망갈까 봐 숨소리 한 번 크게 내지 못했다.

가장 기억에 남는 건 여름 철새들의 중간기착지인 서해 외연도를 다녀온 일이다. 그 많은 새들을 한꺼번에 볼 수 있었다는 건 최고의 선물이었다. 또 내가 이렇게 많은 새들을 계속 만날 수 있었던 것은 매달 내보냈던 아름방송의 생태뉴스 참여 덕분이었다. 뉴스의 질을 높이기 위해 나도 모르게 정신없이 뛰어다닌 것 같았다.

김지호

The World of Birds that I Encountered

This book is written on the basis of the observations I made on birds of Korea since my 3rd year in middle school in 2009 until the 3rd year in high school in last winter.

Frankly, I did not plan to publish a book on my observation when I began. I started simply because I found watching and studying about birds that I always liked. I ended up being mesmerized by birds and am now publishing a book on the observations I made.

The region of Bundang where I live in Sungnam City on the southern aspect of Seoul Metropolitan City is a wonderful habitat for birds. There is a large park filled with thick forest in front and at the back of and a tributary of Han River, 'Tancheon', flows only about 500m away from my house. Youngjang Mountain surrounds Bundang and this mountain range continues onto Namhan Mountain Fortress located approximately 10 km away from Bundang.

Total of 445 species of birds, composed of 95 species of resident birds and 274 species of migrant birds as well as 109 species of passage migrant birds that passes through Korea can be seen in Korea (Won, Pyong Oh).

By the end of March, summer visitors come to Tancheon and Youngjang Mountain in large flocks. One can easily observe beautiful birds such as little ringed plover, eastern gray wagtail and white-faced wagtail at Tancheon. However, there is rarely anyone who attentively observes these birds among those who take stroll along Tancheon. As I watch the birds all alone, I find myself being absorbed in happiness. Birds that flew in the spring sings in search of their mates and by the latter half of the April, they begin incubating their eggs.

Little ringed plover lays eggs on the gravelly fields along the ravine and the puts enormous efforts to protect their eggs. I realized that these birds have great deal of wisdom as I watched them hung down their wings as though they had been injured and lured anyone approaching them away from the eggs. These birds are also valiant as illustrated by their attacks on larger birds such as magpie or turtle dove without hesitation if being confronted.

One can also find numerous species of thrush at the Youngjang Mountain. These are all summer migrant birds. In particular, gray-backed thrush and golden mountain thrush breed in large number at the Youngjang Mountain. Fortunately, all the nests of these birds are in close vicinity of rifle range of a military camp. During the spring, the soldiers practice shooting almost every day and it sounds as if the bullets are being fired right next to you. Therefore, trackers at the mountain never approach the areas where the bird nests can be found, which is fortunate for the birds. It seems that the birds have chosen to live beside noisy sounds of rifle fire rather than encountering people who are one of their natural enemies. The fact these birds have their breeding place in close vicinity of the rifle range necessitates correction to the generalized perception that birds would not like loud noises.

Recently, the mountain has become highly populated by cats. A large number of cats that people in the neighboring areas raised chose to live in the mountain and became wild. Although there may be various reasons for this happening, the fact that these cats have become fearsome enemies of these birds is a very serious issue. These cats attack the breeding grounds and nests of the birds by climbing up not only low thicket but also tall trees. The realities for the summer migrant birds from afar including southern part of China, the Philippines and Indonesia have become extremely harsh.

Nonetheless, it is realistically difficult to prevent the indiscriminate attacks by the cats. I am truly concern about the countless of cats roaming around the mountain already inundated with other enemies of birds including raccoons, weasel and snakes.

I have been interested in artificial nests shaped like a house since last year. I am planning to observe these artificial nests in earnest from this spring. Various companies and environmental groups hung several hundreds of artificial nests at the foot of the mountain. When I observed them after the breeding season, although there were traces of breeding of birds such as chickadee, most of the nests were empty. I found excrement of mouse, spider web and even bee hive. I think artificial nests should have been installed prudently. Detailed planning of how many and exactly where these nests should be installed must be made after having made thorough and exhaustive monitoring and surveying of the area. I am concerned that we may be overlooking the negative aspects of the artificial nests.

It was a great honor that the birds that I observed and filmed over several years were broadcasted in the news program by a regional broadcasting service (ABN/abn.co,kr). Although the struggles I had to endure with mosquitoes in camouflaged tent to film the birds were quite distressing at the time, I was greatly elated when my voice was broadcasted in regular TV news program.

As I observed the birds, I frequently witnessed the sad reality of birds being interfered with and disturbed as well as their habitat being destroyed by human beings. Nonetheless, I also came to realize that human beings are a part of the nature as the birds are through these observations. I believe birds have brought to me and to all of us wonderful lessons that we need to pay more attention to.

Written & illustrated by Kim, Ji Ho

목차

내가 만나본

새들의 세상

01
직박구리

중학교 때 새를 관찰하기 시작하면서 가장 자주 보게 되는 새가 있다. 직박구리다. 직박구리는 텃새라 그런지 다른 새들보다 볼 기회가 더 많은 것도 있지만, 번식력도 뛰어난 것처럼 보인다.

직박구리는 많이 돌아다니는 거에 비하면 둥지 찾기가 어렵다. 웬만한 새들은 둥지가 어디 쯤 있을 거라는 예측을 해볼 수 있는데, 직박구리는 둥지 찾기가 결코 쉽지 않다. 또 아주 의외의 곳에다 둥지를 트는 습성도 있다.

녀석은 평상시에 울음소리 요란할 걸로 유명하다. 얼마나 세게 '끼이익'거리는지 귀가 따가울 정도다. 가을철 등산객이 산에다 버린 사과 꽁다리를 차지하고는 고래고래 소리지르는 모습을 여러 번 봤다.

01 맛있게 감을 쪼아먹는 직박구리. 직박구리는 감살을 뭉텅뭉텅 뜯어먹는다.

물론 바나나 껍질도 엄청 좋아한다. 마치 단맛을 좀 아는 것처럼….

직박구리는 숲에서 무서운 새로 통하는 것 같다. 한 번은 키작은 아카시아 나무에 둥지 틀어 알을 품고 있는데, 그 근처로 까치 한 마리가 날아들었다. 까치는 단순히 순찰중이었다. 그러니까 평상시처럼 그냥 돌아보고 있을 뿐이었다. 암컷은 둥지에 엎드려 꼼짝하지 않고 있는데, 갑자기 어디선가 수컷 직박구리가 나타났다. 직박구리는 곧장 까치가 앉아 있는 은사시나무 꼭대기까지 날아올랐다. 처음에는 당연히 까치가 이길 것으로 생각했다. 까치는 매나 독수리도 꺾을 수 있을만큼 강하니까. 하지만 직박구리의 요란한 울음소리에 까치는 줄행랑을 치고 말았다.

02 물웅덩이 앞에 내려앉은 직박구리. 워낙 경계심이 강해 한참 동안 사방을 살펴본 다음 아무런 인기척이 없어야 웅덩이에 들어간다.

03 버드피더에 내려앉아 경계하고 있는 직박구리.

04 분당 영장산에서 촬영한 직박구리 새끼들. 솜털 하나 없이 빨간 색 머리와 몸통이 보통 예쁜 게 아니다.

05 고욤나무에서 떨어진 고욤을 먹는 직박구리들.
박새류의 작은 산새들은 톡톡 쪼아먹는데, 직박구리는 통째로 게걸스럽게 먹는다.

06 겨울철 사람들이 뿌려준 쌀을 주워먹으러 내려앉은 직박구리.
일단 작은 산새들을 다 내쫓은 다음 본격적으로 배를 채운다.

©권지은

07 버드피더, 즉 인공 모이대에 앉은 직박구리. 녀석들은 사람들 사는 곳까지 자신들의 영역을 계속 넓혀가고 있다.

08 초겨울 열매 따먹는 직박구리. 먹성이 워낙 좋기 때문에 열매를 닥치는 더로 따먹는다.

내가 본 직박구리는...

1. 소리지르기 선수다. 텃새 가운데 가장 시끄럽게 떠드는 새다. 둥지 근처에서도 큰소리로 울어 경계한다. 그 소리가 어찌나 시끄러운지 웬만한 사람은 다 도망하고 말 것 같다.
2. 용감한 새다. 둥지에서 알을 품고 있을 때 가장 용감하다. 까치가 와도 그냥 내버려두지 않는다. 까치에게 다가가서 큰소리로 울어대면서 쫓아 내버린다.
3. 먹성이 장난 아니다. 아마 직박구리만큼 많이 먹는 새도 없을 것 같다. 또한 직박구리만큼 다양한 먹이를 먹는 새도 없을 것 같다. 직박구리가 번성하는 건 다 그만한 이유가 있는데, 특히 먹성 좋은 것이 직박구리 번성의 아주 결정적인 이유가 되지 않을까 생각한다.

02

인공둥지는 정말 **필요한 걸까?**

2011년 10월 13일 분당 영장산 야탑동 일대에서 인공둥지 실태를 조사했다. 이 조사는 성남 아름방송(ABN) 생태뉴스에 방영을 위한 조사였다. 야탑동 일대 산기슭에는 약 20여 개의 인공둥지가 설치되어 있다. 대부분 집모양의 나무로 만들어져 있는데, LG상록재단과 환경단체에서 설치한 것들이다.

조사를 하면서 크게 놀랐다. 무엇보다 인공둥지의 관리상태가 매우 부실했다. 둥지 안에 거미줄이 있는가 하면, 벌집도 있었고, 쥐똥이 들어 있기도 했다. 번식을 했던 둥지는 재료들이 썩기 시작했으며, 번식을 하지 않았어도 둥지 안이 부패되었거나 심하게 악취가 나는 경우도 있었다.

01 나무에 올려둔 인공둥지. 등산로 바로 옆에 있는데다가 곰팡이가 심해 보기에도 좋지 않았다.

현장을 다니면서 몇 가지 점을 생각해보게 되었다. 과연 인공둥지가 필요한 것인지 자문해보게 되었다. 새들은 인공둥지가 필요할 만큼 번식 능력이 없단 말인가? 둥지의 설치장소도 일정하지 않았다. 새들은 분명히 자신들이 좋아하는 장소와 둥지 틀기 환경이 있을 텐데, 인공둥지는 제각각이었다. 양지바른 곳에 둥지가 있는가 하면, 하루 종일 햇볕이 들어오지 않는 곳에도 둥지를 설치했다. 심지어 등산

02 박새류가 번식한 흔적이 있는 듯 이끼로 가득한 인공둥지. 하지만 번식한 사례는 전체적으로 그리 많지 않았다.

로에 따라 인공둥지를 설치하기도 했는데, 사람이 다니는 길목에서는 번식에 성공한 사례가 보이지 않았다.

인공둥지는 철저하게 모니터링을 통해, 인공둥지가 왜 필요한지를 점검해야 할 것 같다. 무조건식으로 둥지를 설치하게 된다면 그야말로 인간이 자연에 간섭하게 되는 것이나 마찬가지 같다. 지금의 인공둥지는 남에게 보여주기 위해 걸어둔 것처럼 보여 조금 안타깝다.

03 거미줄로 가득한 인공둥지. 둥지 안은 곰팡이가 피었는지 냄새도 심하고 아주 축축하다. 특별히 대청소를 하지 않으면 이듬해 번식은 어렵지 않을까?

04 바닥에 떨어져 있는 인공둥지. 등산로 주변에 둥지가 떨어져 있지만 누구 하나 다시 올려놓는 사람은 없다.

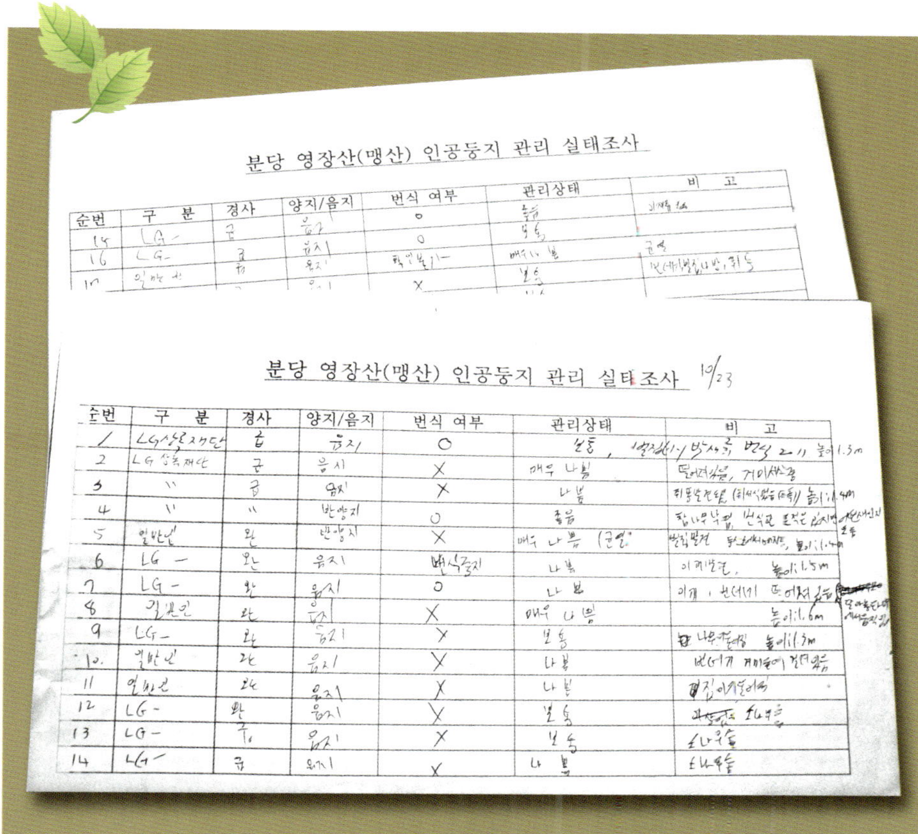

05 인공둥지 실태조사서. 기업체에서 설치한 것도 있고, 환경단체에서 달아놓은 것도 있지만, 전체적인 관리는 낙제점이다.

06 바닥에 나뒹구는 인공둥지. 대기업에서 만들어 걸어놓은 것이다.

07 인공둥지의 옆문을 열어보았다.
둥지 안에는 쥐똥도 있고,
아주 지저분해 있었다.

인공둥지 실태를 조사하고 나서

1. 인공둥지가 꼭 필요한지에 대해 철저한 조사가 필요한 것으로 생각한다. 인공둥지는 박새, 쇠박새, 곤줄박이, 동고비 같은 작은 새들이 주로 이용하는데, 과연 이 새들이 번식을 못할 만큼 나무구멍 등이 그 지역에 충분한지에 대한 조사를 먼저 해야 할 것 같다. 무턱대고 인공둥지를 설치하는 것은 오히려 새들의 자생력을 떨어뜨리는 게 될테니까.
2. 등산로 옆에 인공둥지를 설치한 사례도 있었다. 사람들이 오르내리는 바로 옆에다 인공둥지를 걸어두었으니 번식을 안 하는 게 당연할 것이다. 그런 둥지를 보면 자연활동이 얼마나 형식적으로 이루어지고 있는지를 알 수 있다.
3. 침엽수림의 인공둥지에는 번식 사례가 거의 보이지 않았다. 활엽수림에 비해 침엽수림 바닥에는 지렁이나 벌레 등이 별로 없는 것 같았다. 이것에 대한 충분한 조사도 이루어져야 한다고 본다.
4. 양지와 음지 등의 관계도 연구해 볼 만한 사안이다. 새들은 대체로 완전한 양지도 아니고, 완전한 음지도 아닌 곳, 즉 적당히 햇볕이 있고, 또 적당히 그늘도 있는 곳을 좋아하는 것 같다. 이것도 더 연구해 볼 만한 사항이다.

03
멧비둘기

작년 처음 동아리에서 멧비둘기를 탐조한다고 했을 때 크게 실망했다. 멧비둘기는 하루에도 몇 마리나 볼 정도로 흔한 새이기도 하지만, 그것보다 생태적으로 특별한 게 없어 보였기 때문이었다.

2010년 3월 어느 날 멧비둘기가 알을 품고 있는 전나무 숲으로 들어가 보았다. 전나무 숲은 너무나 빽빽해서 대낮이었는데도 불구하고 어두컴컴했다. 햇볕이라곤 하나도 없었다. 숲에 들어서면 어찌나 어두운지 으스스하기까지 했다.

멧비둘기가 알을 품고 있었다. 멧비둘기는 2.5미터 높이에 마른 나뭇가지를 듬성듬성 올려놓았다. 둥지라고 하기에는 정말 볼품없었다. 밑에서는 하얀색 알이 보일 정도였다.

알이 휑하니 보이니 아무리 품어준다고 해도 도저히 따뜻하게 품어줄 수가 없을 것처럼 보였다. 둥지 아래서 찬바람이 숭숭 들어가기 때문에 도저히 계속해서 알에 대한 보온을 해주기가 어려울 것만 같았다. 그럼에도 멧비둘기는 정성스럽게 알을 품고 있었다.

멧비둘기는 몇 시간마다 암수가 교대로 알을 품어주고 있었다. 다른 산새들은 수컷이 암컷에게 먹잇감을 가져오는 데 비해 멧비둘기는 계속 교대하고 있었다.

01 새끼들에게 피존밀크를 먹여주는 멧비둘기 어미. 새끼 두 마리는 어미가 토해주는 액체의 먹이를 받아먹는데, 먹이를 토해주는 어미가 무척 괴로워하는 표정을 짓는다.

02 영장산의 한 잣나무에서 발견한 멧비둘기 둥지. 둥지는 마른 나뭇가지로 얼기설기 엮어두었는데, 매우 엉성하다.

03 둥지 떠난 멧비둘기 두 마리.
새끼라 그런지 사람이 가까이 다가가도 크게 경계하지 않는다.
바닥에 내려가 먹이도 쪼아먹는데, 아마 이 시기에 산짐승에게
공격을 많이 당하는 것 같다.

04 둥지 안의 멧비둘기 새끼들. 어릴 때는 노란 색 깃털이 예쁘다. 놀라운 것은 멧비둘기 새끼들의 부리가
다른 새들과 비교해서 매우 길다는 점이다. 아마 피존밀크를 받아먹어야 하기 때문에 길어진 게 아닐까?

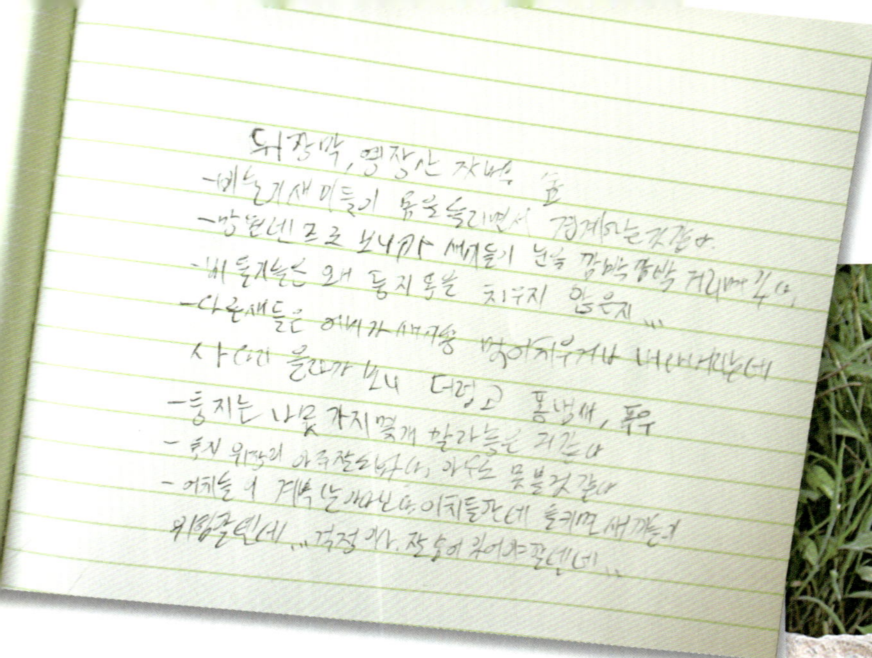

뒤장막, 영장산 자연의 숲
- 비둘기새 비둘기 몸을 늘리면서 경계하는 것 같다.
- 망원렌즈로 보니까 새끼들이 눈을 깜빡깜빡 거리며 있다.
- 비둘기들은 왜 둥지 똥을 치우지 않은지...
- 다른새들은 어미가 새끼똥 받아치우거나 내다버리는데
사다리 올라가 보니 더럽고 똥냄새, 똥우
- 둥지는 나뭇가지 몇개 깔아놓은 거같다
- 둥지 위쪽이 아주 잘 보인다, 아무도 못볼것 같다
- 어제는 내 계속 날개 다닌다, 이치들인데 들키면 새끼들이 위험할텐데... 걱정이다. 잘 숨어 있어야 할텐데...

05 공원에서 뿌려준 먹이를 먹는 멧비둘기. 매일 보는 사람은 정확히 기억해서 도망가지도 않고 잘 따르는 습성이 있다.

06 물가에 내려앉은 멧비둘기. 멧비둘기는 비교적 개울 같은 물가에 내려와 물을 마신다. 곡식이나 열매를 먹기 때문에 물을 많이 마시는 편이다.

내가 본 멧비둘기는…

1. 둥지가 아주 형편없이 허름하다. 나뭇가지로 얼기설기 엮어두어 천적의 눈에 잘 띈다.
2. 소나무나 잣나무, 전나무 숲에 둥지를 튼다. 가끔 참나무 줄기에 둥지를 튼 경우도 보았다. 이른 봄에도 숲이 무성한 바늘잎나무에 둥지를 많이 만들고 있었다.
3. 어미가 자신이 먹은 곡식이나 열매를 액체로 만들어 피존밀크로 먹인다. 일반 새들과 크게 다르다.
4. 아주 온순하고 착하다. 다른 새를 공격하지 않는 것 같다.
5. 벌레나 지렁이를 먹이는 산새들과 달리, 멧비둘기는 피존밀크를 먹이는데, 시간이 걸리기 때문에 둥지에 자주 날아오지 못하는 것 같다.
6. 알을 품을 때는 암수가 서로 교대한다.

04

되지빠귀

분당 영장산에는 여름 철새 되지빠귀가 많다. 다른 곳에서는 흔히 보이는 새가 아니라는데, 이곳에서는 많이 본다. 아마도 되지빠귀 번식하는데 좋은 덤불이나 키작은 나무들이 빽빽이 들어차 있어서 그런 것 같다.

되지빠귀는 노랫소리가 참 예쁘다. 녀석은 특히 저녁 무렵 짝을 찾는 노래를 한다. 수컷은 참나무 꼭대기, 심지어 40미터도 넘는 전나무 꼭대기에서 노래를 부르는데, 그 소리가 쩌렁쩌렁하다. 한 녀석이 노래하면 다른 녀석은 건너편 언덕 위에서 죽어라 노래한다. 노래소리는 꾀꼬리보다 더 멋지고 아름답다.

관찰을 해보니까 되지빠귀는 알을 4개에서 6개까지 다양하게 낳고 있었다. 알품기는 전적으로 암컷이 한다. 수컷은 암컷이 알을 품을 때 직접 먹이를 잡아다 준다. 새끼들이 알에서 깨어나면 암수가 함께 먹이를 잡아다주는데, 그 횟수가 셀 수 없을 정도다. 먹이는 지렁이나 애벌레다. 하지만 새끼들이 둥지를 떠나기 직전에는 여러 차례 버찌 같은 식물성 먹이를 가져다준다. 육식으로만 살아갈 수는 없으니, 채식 맛도 보여주는 것 같다.

01 물마시러 온 되지빠귀 수컷. 물웅덩이에 와서도 한동안 물을 마시지 못하고 사방을 살펴보았다. 몇 분 뒤에 물을 마신 다음 목욕을 하기 시작했다.

되지빠귀는 새끼들이 둥지를 떠나고 나면 암컷은 거의 보이지 않고, 한동안 수컷이 전적으로 새끼들을 먹여살리는 것으로 알려져 있다.

©권지은

02 되지빠귀 둥지. 사람이 가까이 가니까 본능적으로 둥지 바닥에 바싹 엎드린 채 꼼짝하지 않는다. 눈도 뜨지 않은 새끼들인데 어떻게 아는지 참 궁금하다.

03 새끼들에게 먹이 주는 암컷. 둥지를 떠날 때가 가까워졌는지 어미들은 하루에도 수십 번씩 먹이를 잡아 와야 했다. 주로 지렁이와 애벌레를 잡아온다.

04 둥지에 올라가려는 되지빠귀.

05 물웅덩이에 들어온 되지빠귀.

06 경계하고 있는 되지빠귀 암컷. 아주 작은 소리에도 매우 민감하게 반응한다. 새끼들을 위해서라면 목숨을 던질 만큼 용감하다.

내가 본 되지빠귀는...

1. 되지빠귀는 주로 덤불이나 키작은 나무 줄기에 둥지를 튼다.
2. 되지빠귀는 이파리가 둥지를 가릴 때까지 둥지 틀기를 기다린다.
3. 되지빠귀는 언제나 바닥을 기어다니는 것 같다. 주요 먹이가 지렁이이기 때문에 낙엽을 들추며 먹이사냥을 하고, 둥지에 들락거릴 때도 낮은 자세를 취한다.
4. 둥지 주변에 작은 물웅덩이가 있는 걸 좋아하는 것 같다. 특히 번식 중 6월이 되면 날씨가 엄청 덥기 때문에 자주 목욕하고 물도 마셔야 하는 환경이 절대적으로 필요하게 된다.
5. 새끼가 알에서 부화하고 나면 어미가 그 알껍데기를 먹어치우기도, 일부는 내다 버리기도 한다. 둘 다 하는 셈이다.
6. 암컷과 수컷은 점박이 부분이 있느냐 없느냐로 구분되는데, 놀라운 것은 암수 자체의 색깔이 미세하게 다르다는 것이다.

05
고방오리

고방오리는 우리나라의 대표적인 겨울 철새 오리다. 몸길이가 오리과 중에서 제일 크기 때문에 제일 작은 쇠오리와 함께 있으면 눈에 확 띈다.

탄천 중하류 지역에는 고방오리가 엄청 많다. 1000마리 이상이 몰려 있는 경우도 있다. 고방오리는 키가 크기 때문에 누군가 가까이 접근하면 제일 먼저 알아차린다. 조금이라도 불안하다 싶으면 하늘로 날아오른다. 대여 섯 마리씩 단체로 이륙하는 모습은 정말 아름답다.

2012년에는 3월 중순 탄천을 모두 떠났던 고방오리 무리가 3월 말 다시 그 자리에 나타났다. 개체수도 무려 500마리가 넘었다. 전문가에게 물어보니, 북쪽으로 떠나갔던 고방오리가 다시 날아온 것 같지는 않고, 아마도 남쪽에서 겨울을 보냈던 고방오리 무리가 북쪽으로 이동하던 중에 탄천에 내려 앉은 것 같다고 한다. 가락지 같은 것을 끼워놓지 않았으니, 알 길은 없으나 일리 있는 것 같다.

멋진 수컷에 비해 암컷이 너무 초라하고 볼품없어 보인다. 그래도 번식철이 다가오니까 수컷들은 암컷한테 잘 보이려고 하는지 가까이 붙어다니는 것을 볼 수 있었다.

01 먹이활동을 하다 날개를 활짝 펼쳐보이는 고방오리. 탄천 중류지역에는 고방오리 말고도 수많은 겨울 철새 오리들이 살아간다.

02 탄천 상공을 날아가는 고방오리. 아래가 수컷이고 위쪽이 암컷이다.

03 암컷과 수컷이 한데 몰려 먹이사냥하는 장면. 고방오리는 수컷이 좀 더 많이 눈에 띄는 것 같다.

04 비상하는 고방오리 무리. 겨울이 끝나갈 무렵에는 자주 비행을 한다. 마치 장거리 여행을 앞두고 비행훈련을 하며 몸을 푸는 듯 보인다.

05 호수에서 만난 고방오리 수컷. 초콜릿 머리가 아주 예쁘다. 경계심이 아주 강해 접근하기가 어렵다.

06 고방오리는 영어로 'Pin Tail'이라고 부른다. 특히 수컷의 꼬리깃이 아주 길고 뾰족해서 붙여진 이름인데, 이렇게 잠수를 할 때면 핀 테일이 잘 보인다.

07 고방오리는 겨울 철새 오리 가운데 가장 큰 오리다. 탄천에는 수백 마리가 한꺼번에 몰려와 겨울을 난다.

08 운좋게 아주 가까이서 본 고방오리.
초콜릿색 깃털이 선명하다.
눈은 깃털에 파묻혀 있는 것처럼 보인다.
자세히 보면 좀 우습다.

내가 본 고방오리는...

1. 겨울 철새 오리들 가운데 몸길이가 가장 길다.
2. 수백 마리 또는 그 이상이 무리를 지어 함께 살아간다. 분당 탄천에서는 3월 말까지 눈에 띄었다.
3. 고방오리가 3월 중순에 탄천을 떠났는데, 3월 말에 다시 날아왔다. 추위 때문에 북쪽나라 가는 걸 포기한 것인지, 아니면 남쪽에서 이동하고 있는 고방오리인지는 알 수 없다.
4. 수컷의 꼬리깃이 뾰족하고 길쭉해서 눈에 아주 잘 띈다. 초콜릿색 수컷에 비해 암컷은 보호색을 띠기 위해서인지 별로 눈에 띄지 않는다.

06
기러기

파주지역 벌판에서 기러기를 보았는데, 철원에 가서는 원없이 기러기를 구경했다. 그곳에는 주로 쇠기러기가 모여 다녔다. 논에서 낟알을 쪼아먹는데, 서로 망을 봐주는 모습이 인상적이었다.

철원에 모여든 기러기들은 적게는 수백 마리, 많게는 수천 마리씩 먹이활동하는 모습을 볼 수 있다. 어느 때는 재드루미나 두루미와 같이 바닥을 뒤지는 것도 관찰할 수 있다.

사람이 다가가면 반대편 쪽으로 자리를 옮긴다. 한꺼번에 확 날아가는 게 아니라, 슬금슬금 자리를 옮기는 것이다. 기러기들은 먹이를 찾아먹으면서 동시에 배설도 하기 때문에 기러기가 한번 앉았다 날아간 자리를 보면 아기 손가락 굵기의 배설물이 보인다.

기러기는 큰기러기가 몸길이 85센티미터, 쇠기러기가 몸길이 72센티미터로, 겨울 철새 오리보다는 훨씬 크다. 같은 무리끼리 있을 때는 잘 모르겠지만, 한강변에서 청둥오리나 쇠오리와 함께 있는 걸 보면 기러기 몸집이 엄청 크다는 사실을 깨닫게 된다.

우리가 보는 기러기들은 대개 큰기러기나 쇠기러기인데, 이따금 흰이마기러기와 회색기러기도 있다고 하는데, 잘 보이지는 않는다.

01 파주 벌판에서 만난 쇠기러기. 아주 예민해서 멀리서 사람이 나타나면 먹이 쪼아먹다가도 그 사람이 완전히 사라져야만 먹이활동을 계속한다.

02 한강에서 만난 큰기러기 무리. 청둥오리 떼와 함께 씨앗을 먹고 있다.

03 기러기들은 먹이활동하다가도 돌아가면서 망을 본다. 키가 크기 때문에 멀리서도 누가 오는지 금방 알아차린다.

04 소리를 지르며 날아가고 있는 큰기러기.

05 강서습지에서 만난 큰기러기 무리. 수천 마리가 몰려왔다. 추위가 풀려 강가의 얼음이 녹았더니 어느새 날아와 있다.

06 파주 상공을 날아가는 기러기 무리.

07 추수가 끝난 벌판에서 낟알을 쪼아먹으려고 날아온 기러기들. 겨울이 끝나가면서 마음이 급해졌는지 오랫동안 먹이활동하지 않고 자주 다른 곳으로 이동하며 배를 채운다.

08 힘차게 날아오르는 기러기. 조금만 다가가도 여지없이 자리를 뜨고만다.

09 벌판에 내려앉은 쇠기러기 무리. 앉아서 살금살금 다가갔더니 별로 신경을 안 쓴다.
덕분에 가까이서 사진을 찍을 수가 있었다.

10 땅에 내려앉는 기러기. 꽁지깃이 활짝 펼쳐진 모습이 예쁘다.

11 쇠기러기가 남긴 배설물. 여기저기 자신들의 흔적을 남기려는 듯 배설물을 남겨두었다.

12 한두 마리는 자주 망을 본다. 마치 망보기 전문이라도 되는 것처럼 도로를 지나가는 사람이 멀리 사라질 때까지 눈을 떼지 않는다.

13 먹이활동하고 있는 중에 까치 몇 마리가 날아왔더니 째려본다. 하지만 기러기는 워낙 온순하기 때문에 다른 새들과 싸우는 걸 보지 못했다.

내가 본 기러기는...

1. 파주나 한강변의 강서습지 등지에서는 주로 큰기러기를 많이 관찰할 수가 있고, 철원지역에서는 쇠기러기가 많이 보인다.
2. 기러기는 자세를 아주 낮추어야만 놀라서 도망가지 않는다. 자신들의 키가 크기 때문에 몸을 최대한 낮추면 비교적 가까이서 관찰할 수도 있다.
3. 한강 강서습지 조류전망대에서는 아주 가까이서 기러기를 만날 수가 있다. 주로 청둥오리와 뒤섞여 있는데, 전망대가 워낙 잘 은폐되어 있어서 관찰하기가 좋다.
4. 쇠기러기와 큰기러기는 주로 부리의 색깔을 보고 판단한다. 쇠기러기는 분홍색이고, 큰기러기는 검은색 부리에, 주황색의 띠가 보인다.

07
독수리

겨울철이면 우리는 반가운 손님을 맞이하게 된다. 독수리다. 독수리는 천연기념물 243호로 지정되어 있다. 주로 몽골에서 번식을 하고는 우리나라에서 월동을 하는데, 강원도 철원지역을 주무대르 삼고 있다.

철원지역에서 소나 돼지 등의 사체를 구해 독수리에게 먹이로 제공하였는데, 2011년에는 조류독감 때문에 먹이를 주지 못하게 되었지만, 철원의 한 식당에서 가공하고 남은 고기 찌꺼기를 벌판에 뿌려주었다. 하늘 높이 기류를 타고 선회비행하던 독수리들이 고기 찌꺼기를 보고는 나사식으로 회전하며 천천히 내려온다.

그때까지는 아주 점잖고 얌전한 새로 보인다. 하지만 막상 고기 찌꺼기를 던져주었을 때는 난리도 아니다. 독수리는 날개를 활짝 펴면 하늘을 덮는 것처럼 어마어마하다. 그 큰 녀석들이 고기 한 덩이를 차지하려고 싸우는 걸 보면 놀랍기만 하다.

300마리 이상 벌판에 앉아 있는 모습도 장관이다. 사람이 가까이 가도 서둘러 도망치지 않는다. 무리를 지어 있어 그런지 사람한테도 별로 겁을 내지 않는다. 역시 새들의 황제다.

독수리를 관찰하면서 느낀 점은 언제까지나 일반 사람들이 나서서 천연기념물을 보호해주어야 하는지 걱정된다는 것이다. 천연기념물이라면 당연히 나라에서 보호해주어야 하는 게 아닐까?

01 철원에서 만난 독수리. 근처 식당에서 고기 부스러기를 던져주기 때문에 그걸 기다리느라 꼼짝하지 않고 있다. 가끔 날아오르는 녀석들도 벌판에서만 뱅뱅 돈다.

02 상공을 날아가는 독수리. 날개를 펼치면 무려 2미터가 넘기 때문에 사진 찍기는 아주 좋다.

03 측면 비행 장면이 카메라에 잡혔다. 독수리는 아주 높이 날다가도 먹잇감이 눈에 보이면 천천히 하강하다가 아주 빠른 속도로 땅에 내려앉는다.

04 300마리가 넘는 독수리 무리가 철원 상공을 날고 있다. 독수리는 기류를 타기 때문에 날갯짓은 자주 하지 않는다. 서서히 비행하는 모습이 멋있다.

05 식당에서 고기부스러기를 던져주자 한꺼번에 몰려들고 있는 독수리 무리.

06 독수리는 흐린 날에는 잘 내려앉지 않는다고 식당 주인이 말한다. 맑은 하늘이어야만 독수리가 많이 활동하는 것처럼 보인다.

07 아주 가까이서 촬영한 독수리. 부리는 맹금류의 왕처럼 갈고리 모양을 하고 아주 날카롭게 보이고 있지만, 눈을 보면 아주 착한 녀석 같다.

08 앉아 있을 때도 아이들 키만큼 크다. 에너지를 아끼려는 듯 자주 움직이지 않는다. 꼭 필요할 때만 날아오르는 것 같다.

09 고기덩이 하나를 차지한 독수리. 서열이 꽤 높은지 고기를 차지하고는 누구한테도 나눠줄 생각이 없다는 듯 경계만하고 있다. 결국 혼자만 뜯어먹었다. 다른 독수리들은 부러운 듯 쳐다보기만 했다.

내가 본 독수리는...

1. 독수리는 크기에서 단연 압도적이다. 몸길이가 100~110센티미터이고, 날개길이가 자그마치 250~295센티미터에 이른다.
2. 철원지역에서 먹이주는 사람의 얘기를 들어보니, 독수리는 눈오거나 흐린 날에는 벌판에 내려앉지 않는다고 한다. 주로 눈 온 뒤 맑고 추운 날 사람이 던져주는 먹이를 얻어먹으러 온다고 한다. 날씨가 흐리면 시야 확보가 어려운 것 때문이 아닐까?
3. 우리나라에 온 독수리들 날개에 윙 태그, 즉 인식표가 달려 있는데, 주로 번식지인 몽골에서 부착한 것으로 알려져 있다. 독수리가 겨울철 월동지로 우리나라를 선택한 이유는 잘 모르겠지만, 어쨌든 행복한 일이다.
4. 독수리들은 사체만을 먹는다. 녀석들이 어떻게 해서 죽거나 썩은 고기만을 먹게 되었는지는 알 수 없는 일이다.

08
동고비

이른 봄이 되면 '휘휘휘휘-' 하며 가장 시끄럽게 노래하는 텃새이다. 작고 통통한데, 부리는 아주 날카롭게 생겼다. 눈썹선이 검은색으로 짙게 그어져 있다. 동고비는 주로 나무 줄기에서 아래로 거꾸로 내려오는 습성이 있다. 어느 날 딱따구리는 나무 줄기 위로 기어올라가고, 동고비는 거꾸로 기어내려오는 모습을 관찰하기도 했다.

동고비는 아주 용감하다. 집 앞에 새모이대를 설치해두었더니 박새들이 계속 날아들었다. 그런데 잠시 후 동고비가 날아와서 위협을 하니까 박새들이 모두 날아가버렸다.

먹이에 대한 집착은 동고비가 대단하다. 한꺼번에 여러 개의 먹이를 부리에 넣는다. 아마도 저장을 위해 마구 입 속에 넣는 것 같다.

동고비는 주로 나무줄기를 쪼아서 벌레를 찾는다. 겨우내 나무를 톡톡 두드려서 먹이가 있는지 없는지 알아내는데, 도사처럼 벌레를 찾아낸다. 그런 능력은 딱따구리 못지 않은 듯 보인다.

구멍둥지 입구를 진흙으로 막아 들어가는 곳을 좁히는 재주가 있다. 그렇게 함으로써 둥지로 들어오는 천적을 방어하는 것으로 보인다.

01 동고비는 텃새다. 우리 곁에 자주 보이는 앙증맞은 산새다.

02 동고비는 주로 나무를 타고 거꾸로 내려오는 습성이 있다.

03 샘물에 날아온 동고비. 박새처럼 자주 물을 마시고 목욕하는 건 아니지만, 이따금 물을 찾아온다. 목욕 직전에 사방을 경계하고 있는 모습이다.

04 동고비는 박새류처럼 몸집이 작지만, 아주 사납다. 특히 먹잇감을 앞에 두고는 한치의 양보가 없다. 날카로운 부리가 큰 역할을 하는 것 같다. 박새나 곤줄박이 같은 새들은 동고비가 나타나면 얼른 자리를 피해준다. 새들 간에도 엄격한 서열이 있는 것 같다.

05 직박구리가 날아오자 화들짝 놀라 달아나려는 동고비. 역시 덩치 큰 새한테는 동고비도 당하지 못한다.

06 소나무에서 거꾸로 내려오는 동고비.

07 샘물에 날아와서 물을 마시는 동고비. 동고비는 주로 나무를 쪼아 벌레를 잡아먹기 때문에 비교적 물 마시는 횟수가 적은 편이다. 눈가를 지나는 기다란 검은 눈썹선이 인상적이다.

내가 본 동고비는...

1. 딱따구리는 꼬리를 이용하여 나무에 붙어 있는데, 동고비는 발가락으로 나무 표면을 움켜쥐고 있는다. 아마도 몸무게가 덜 나가기 때문에 그렇게 중심을 잡을 수 있는 것 같다.
2. 봄철에는 진흙으로 구멍둥지를 막기 때문에 관찰하기가 좋다. 자신의 몸을 웅크려서 그 작은 구멍으로 혼자만 들락거린다.
3. 가을철에는 목련나무 주홍색 열매를 엄청 좋아한다. 대여섯 개씩 입에 넣어 갖고 가서 저장을 한다.
4. 가끔 가다가 한 곳에 꼼짝않고 앉아 있는 모습을 보게 된다. 햇볕을 쬐며 체온조절하는 것 같은데, 다른 뜻이 있는지 궁금하다.

09
붉은머리오목눈이

일명 '뱁새'라고 불리는 붉은머리오목눈이는 관찰하기가 너무 힘들다. 단 몇 초도 가만히 앉아 있지 않으니까 말이다. 그 이유는 또 있는 것 같다. 붉은머리오목눈이가 단체로 돌아다니다 보니까 홀로 한가하게 남아 있지 못하는 것 같기도 하다. 서로 서로 신호를 하며 한쪽 방향으로 계속 이동하며 씨앗을 쪼아먹고 가는 일 때문에 한시도 쉬지 못하는 셈이다.

하지만 번식철에는 얘기가 다르다. 4월 중순이 넘어가면 대개 한 쌍씩 같이 다니는 경우를 많이 본다. 본격적인 번식철에 들어서면 그 시끄럽던 붉은머리오목눈이가 쥐 죽은 듯이 조용해지고 아주 은밀하게 돌아다닌다. 있는지 없는지도 잘 모를 정도다.

붉은머리오목눈이는 지상에서 대략 1미터 이내의 높이에다 둥지를 트는 것 같다. 갈대줄기나 찔레꽃 가지 같은 데다 둥지를 트는데 둥지가 매우 깊은 편이다. 특히 찔레꽃에는 가시가 있기 때문에 천적 방어가 될 것 같지만, 그렇지만도 않다. 공격하는 새나 뱀도 다 나름대로의 방법이 있는 것 같다.

형광색 나는 붉은머리오목눈이 알을 볼 때마다 뻐꾸기 탁란이 생각나지만, 아직 탁란하는 붉은머리오목눈이 둥지를 만나지 못했다.

01 겨울이 끝나갈 무렵 만난 붉은머리오목눈이. 몸을 부풀리면 마치 작은 공처럼 보인다. 눈이 움푹 들어가서 더욱 귀엽게 보인다.

02 갈대 줄기를 타고 있는 붉은머리오목눈이. 갈대줄기를 잡고 360도 회전까지 하는 묘기를 보일 때도 있다.

03 오목눈이는 황조롱이 같은 맹금류의 공격을 피하기 위해서인지 아주 자주 움직인다.
단 한시도 가만히 있는 모습을 보지 못했다. 그게 다 살아가려는 전략이 아닐까?

04 사람들이 뿌려준 먹이대를 찾아 온 붉은머리오목눈이. 박새들하고 먹이 쪼아먹느라 정신없다.

05 한 자리에서 가만히 있지 않기 때문에 붉은머리오목눈이를 촬영하는 건 정말 어렵다. 삼각대에 올려놓고 찍는 건 더욱 어렵다. 카메라를 들고 잽싸게 셔터를 눌러야 한다.

06 겨울철 물웅덩이를 찾아온 붉은머리오목눈이. 물을 마시러 온 것처럼 보이는데, 1월이라 물은 꽁꽁 얼어붙어 있다. 실망한 것 같다.

07 정말 짧은 시간이지만, 포즈를 취해준 붉은머리오목눈이. 정말 예쁜 모습이다. 이렇게 예쁘고 귀여운 새가 텃새인 것은 큰 행복이다. 일년 내내 볼 수 있으니까.

내가 본 붉은머리오목눈이는...

1. 번식철을 빼놓고는 무조건 단체생활을 하는 것 같다. 단체생활 때는 따로 떨어져나와 사는 새를 보지 못했다.
2. 몸길이는 13센티인데, 꼬리가 비교적 긴 편이다.
3. 높은 산지에서는 본 적이 없는 걸로 봐서, 산기슭이나 물가 주변 수풀이나 덤불 등에서만 서식하는 것 같다.
4. 부리가 뭉뚝해서 씨앗을 쪼아먹기에 좋게 진화한 듯 보인다.
5. 갈대 줄기를 발가락으로 붙잡고 360도 회전하는 모습을 보면 꼭 체조선수 같다는 생각이 든다.

10
쇠오리

겨울 철새 오리 가운데 가장 몸집이 작다. 적갈색의 머리에 녹색이 뒷목까지 이어져 있어서 쉽게 눈에 띈다. 하지만 암컷은 어두운 갈색 바탕에 검은 색 반점이 있다.

분당지역에서는 탄천에 가장 많이 몰려 있다. 쇠오리는 겨울 철새 오리 중에서도 우리나라에 가장 일찍 날아오는 것 같다. 10월이면 탄천에 날아와서 돌아다니고 있다. 북쪽에서 막 도착했을 때는 아주 예민해지는 것 같다. 가까이 접근하기가 어렵다. 조금이라도 다가서면 금방 날아가버린다.

탄천에서는 주로 모란 옆 물막이 아래에 많이 관찰할 수 있는데, 그 아래로는 복정역 옆 탄천에서도 자주 보인다. 다른 오리들이 맑은 물에서 먹이를 찾는 데 비해 쇠오리는 구정물 같은 오염된 물 속을 뒤져 먹을거리를 찾는 것 같다.

주로 집단을 이루며 생활하는 걸 좋아하는 것 같으며, 계속해서 '휘르르르~' 하며 호루라기와 비슷한 소리를 내며 신호를 보낸다. 저수지나 호수 등지에서는 물에 떠 있는 물풀 먹는 것을 아주 즐기는 것 같다.

01 겨울 철새 쇠오리. 오리과 중에서 가장 몸집이 작다. 앞쪽 두 마리는 암컷이고, 뒤에 머리 파묻고 쉬고 있는 녀석은 수컷이다.

02 탄천 물가에서 쉬고 있는 쇠오리. 탄천은 겨울철에도 얼지 않기 때문에 쇠오리들이 많이 몰려와 겨울을 난다.

03 날아오르는 쇠오리 수컷. 녹색 줄무늬가 선명하게 보인다.

04 쇠오리는 탄천에서 가장 물이 지저분한 하수처리장 아래쪽에서 많이 볼 수 있다.

05 눈 온 날의 쇠오리 수컷.
다른 겨울 철새 오리보다 비교적 사람에 대한 경계심이 적은 편으로 보인다.

06 수면을 덮은 물풀을 훑어먹고 있는 쇠오리 암컷과 수컷. 먹어도 먹어도 끝이 없이 많은데도 먹이활동을 그치지 않는다.

07 머리를 처박고 먹이 먹는 쇠오리 암컷.

내가 본 쇠오리는...

1. 우리나라를 찾아오는 겨울 철새 오리 중에서 가장 작다. 몸길이가 37센티미터밖에 되지 않는다. 오리과 중에서 제일 큰 고방오리랑 함께 있으면 새끼들처럼 보인다.

3. '휘리리리'하는 신호음을 계속 내면서 무리생활을 한다. 겨울에는 개천이든, 저수지든, 강이든, 쇠오리가 안보이는 곳이 없다.

4. 북쪽 추운 곳에서 우리나라에 가장 일찍 내려오는 새 같다. 물론 가장 늦게 올라가는 것 같기도 하다. 그러니까 우리나라에서 무려 6개월 이상을 머무는 셈이 된다.

5. 깨끗한 곳보다는 구정물이나 오염된 하수가 고여 있는 곳에서 먹이활동을 많이 한다.

11

영장산

성남 분당과 경기 광주시에 걸쳐 있는 산이다. 해발고도 414미터로, 다른 산처럼 등산로가 거미줄처럼 퍼져 있지 않아 자연생태계가 비교적 잘 보존되어 있는 편이다.

특히 분당 야탑동 일대의 영장산 북쪽면은 예비군 훈련장의 사격장이 있기 때문에 등산객의 출입이 거의 없어서 새들이 살아가기에 좋은 것 같다. 군데군데 잣나무 숲에는 멧비둘기가 번식하고, 덤불이나 키작은 버드나무 가지 또는 찔레나무에는 되지빠귀 같은 여름 철새들이 둥지를 틀고 살아간다. 또한 참나무 줄기에는 호랑지빠귀가 둥지를 짓고 번식철을 보낸다. 이밖에 산기슭 썩은 참나무 등에는 쇠딱따구리 등이 구멍둥지를 이용해서 번식을 하고 있다.

이밖에 영장산 북쪽 경사면에는 흰눈썹황금새도 해마다 번식하는데, 이따금 인공둥지에서 번식하는 장면이 목격되기도 한다. 또한 파랑새도 영장산을 찾아와 번식기를 보낸다.

01 분당 영장산 북쪽 경사면. 활엽수들이 빽빽하고 계곡에 물이 흐른다. 봄철에는 물이 말라 버리지만, 한번 비가 오면 1~2주 동안은 물이 흐르거나 고여 있다.

02 영장산에는 오색딱따구리가 많다.
딱따구리는 평상시에 나무를 쪼아 벌레를 잡아먹지만,
가끔 열매도 즐긴다.

03 분당 영장산은 북쪽으로 남한산성과 연결되어 있고, 바로 앞에 탄천이 있으며 계단식 논 흔적도 많아서인지 새들이 많다. 여러 가지 여름철새뿐만 아니라, 긴꼬리홍양진이 등 겨울철새도 많이 찾아오는 편이다.

04 야탑동 감나무를 찾아온 청딱따구리. 청딱따구리는 사람들이 사는 주변으로 자주 내려오는 딱따구리 종류다.

05 북쪽 시베리아에서 겨울을 나러 영장산에 날아온 노랑지빠귀. 개똥지빠귀와 비슷해보이지만, 누런 빛이 선명하게 보인다.

06 영장산 산기슭에서 발견한 고라니 사체. 몸뚱이는 야생동물들이 와서 다 뜯어먹고 다리와 털만 잔뜩 남았다. 고라니의 털은 번식철에 노랑턱멧새 같은 새들이 둥지 틀 때 잘 이용하는 재료다.

내가 본 영장산은...

1. 덤불과 관목들이 잘 발달되어 있어 되지빠귀 같은 여름 철새들의 서식지로 알맞은 것 같다.
2. 잣나무 군락지가 군데군데 있어서, 침엽수림에서 번식을 하는 멧비둘기에게도 살기 좋은 곳이다.
3. 어치가 꽤 많이 관찰되기도 한다. 어치가 많아서 번식기 때 알을 잃어버리거나 새끼들이 희생되는 사례도 많은 것으로 생각된다.
4. 예전에 계단식 논농사를 했던 곳이 많아서, 둠벙(작은 물웅덩이)이 발달해 있다. 새들이 목욕하고 물 마시는 장소로 안성마춤이다.

12
오목눈이

무리지어 다니는 대표적인 텃새다. 분당 영장산 기슭에서도 많이 관찰되고 탄천을 따라 산책하다가도 자주 보는 새인데, 아파트 단지까지 들어오기도 한다.

꼬리가 몸통보다 더 긴 것 같다. 겨울철에는 탄천에 십여 마리씩 무리를 지어 먹이활동하는 걸 목격할 수 있다. 붉은머리오목눈이처럼 덤불 속을 헤집고 다니기 때문에 사진 찍는 건 정말 힘들다.

부리도 붉은머리오목눈이처럼 뭉뚝하고 눈이 오목하게 들어간 게 특징이다. 오목눈이는 다른 새들보다 번식기가 훨씬 이르다. 2월 하순이면 벌써 짝을 이뤄 돌아다니는 걸 볼 수 있으니 말이다. 둥지는 밥그릇 모양이 아니고, 입구가 작은 자루형이라 속을 들여다볼 수가 없다. 둥지 찾기가 매우 어려운 편인데, 아파트 소나무 가지에 둥지 튼 경우도 보았다. 대개의 오목눈이 둥지는 소나무 같은 침엽수 아주 높은 가지에 틀기 때문에 제대로 관찰할 수 없었는데 단지 안에 둥지 만든 걸 보니 놀라웠다.

새끼들이 알에서 깨어나니까 암수가 함께 먹이를 물어와 새끼들한테 먹여주었다. 동시에 둥지에 들어가지 않고 한 마리가 먹이 다 주고 나면, 다른 한 마리가 눈치를 살핀 뒤 들어간다.

01 작고 귀여운 오목눈이. 텃새 오목눈이는 다른 새들보다 훨씬 일찍 둥지를 틀고 알을 낳는다.

02 오목눈이는 사람에 대한 경계심이 적은 편이다. 겨울철에는 무리지어 생활하며 먹이활동하는데, 번식철에는 짝을 지어 2마리씩 몰려다닌다.

03 새끼들에게 먹일 벌레를 잡아온 오목눈이 어미. 암수가 함께 사냥을 나섰다가 함께 둥지에 들어와 차례대로 새끼들에게 먹인다.

04 번식철에는 가슴이 분홍빛으로 변하다가 새끼들을 둥지에서 내보내고 나면 다시 원래의 색으로 돌아간다.

05 나뭇가지 사이를 비행하는 습성 때문에 좁은 곳에서도 비행하는 게 아주 능숙하다.

06 오목눈이는 '찌리릿' 하고 울면서 암수가 서로 사인을 보낸다.

07 소나무에 만들어둔 오목눈이 둥지. 오목눈이는 자루모양의 둥지를 만들고 맨 위쪽에만 출입구를 만들어 천적으로부터의 공격을 막아낸다. 추위가 가시지 않는 이른 봄에 번식하는 관계로 둥지는 새끼들의 체온을 잘 유지하도록 만들어둔 것이다.

내가 본 오목눈이는...

1. '찌릿 찌릿 찌릿-' 하며 반복적으로 울어댄다. 번식기 때나 겨울철이나 오목눈이의 소리는 특별히 달라지는 것 같지 않다.
2. 이른 봄에 새털을 구하러다니는 경우를 많이 본다. 오목눈이는 2~3월 추운 계절에 번식을 시작하기 때문에 반드시 새들의 깃털이 둥지에 필요한 것 같다.
3. 산에 있는 작은 샘물이나 물웅덩이에도 자주 나타나 목욕을 하고 물을 마신다. 오목눈이는 한꺼번에 목욕을 하지 않고 한두 번 물탕을 튀겨 목욕한 다음 깃털을 말리고는 또다시 물에 내려와서 목욕을 한다. 그만큼 조심성이 많은 것 같다.

13

원앙

해마다 겨울철이 되면 눈이 즐겁다. 바로 원앙 때문이다. 천연기념물 제327호인 원앙은 겨울이 되면 창경궁 춘당지 연못에 몰려든다. 모두 합치면 50마리가 넘는 것 같다.

나무 구멍에 알을 낳는 원앙은 새끼들이 알에서 부화하고 나면 모두 높은 나무에서 밑으로 뛰어내리게 한다. 어미를 따라 용감하게 뛰어내리는 어린 새끼들을 보면, 좀 우습기도 하고 재미있기도 하다. 오리과이다 보니 원앙은 서둘러 새끼들을 물이 있는 곳으로 데리고 가야 하는 것이다.

겨우내 춘당지에 모여 사는 원앙들은 사람들과 너무 가까워졌다. 사람들은 팝콘을 주거나 과자 부스러기를 던져준다. 원앙들은 그거 하나 먹자고 덤벼들고 싸움까지 벌인다. 아마 관람객들이 계속 먹이를 주기 때문에 원앙들이 겨울을 춘당지에서 보내는 게 아닐까 하는 생각마저 든다.

다른 원앙들은 겨울 동안 비오리나 흰뺨검둥오리들과 함께 얼지 않은 개천에서 살아간다. 2월이 지나가면 화려한 수컷들은 암컷 주변으로 몰려들고, 심지어 암컷을 차지하기 위한 쟁탈전까지 벌인다.

01 서울 창경궁 춘당지에서 만난 원앙들. 50여 마리 원앙은 수컷이 훨씬 많다. 원앙 수컷은 겨울철에 가장 아름다운 깃털을 자랑한다.

02 봄이 가까이 다가오면서 암수가 서로 애정 표시를 하고 있다.

03 깃털 화려한 수컷과 수수한 깃털의 암컷.

04 암컷은 숫자가 적기 때문에 늘 수컷들의 주목과 관심을 받는 것 같다.

05 날개깃털을 활짝 펴보이며 자신의 멋진 모습을 과시하려는 수컷 원앙.

06 춘당지의 원앙들은 겨울이 되면 모여든다. 원앙들은 사람들이 주는 과자 부스러기에 점점 길들여진 것 같다.

07 깃털을 골라주고 있는 수컷 원앙. 암컷은 그게 좋은지 꼼짝하지 않은 채 있다.

08 창경궁의 원앙들은 워낙 사람들을 많이 보기 때문에 별로 경계심도 없다. 녀석들은 사람들이 던져주는 과자밖에는 별 관심이 없다.

내가 본 원앙은...

1. 수컷의 부리는 붉은색이고, 깃털은 정말 화려하다. 반견에 암컷의 깃털은 수수하며, 하얀색의 눈선이 있다.
2. 번식철인 봄이 되면 원앙들은 주로 산간 계곡에서 짝을 이루어 생활한다. 그때는 주로 번식지 주변에서 살아가는 것 같다.
3. 물에서 생활하는 오리과의 새이면서도 나무에도 잘 앉는 걸 보면 희한하다. 물갈퀴 발바닥만으로 나뭇가지에서 어떻게 그리 잘 설 수 있는지 궁금하다.
4. 번식철이 가까이 다가오면 수컷들은 암컷에게 온갖 아양을 다 떤다. 특히 어떤 수컷들은 암컷의 깃털을 골라주기까지 한다.

14
재두루미

천연기념물 제203호. 러시아 시베리아에서 날아와 우리나라에서 월동하는 겨울 철새이다. 붉은 뺨은 멀리서도 금방 눈에 띄고 회색 몸은 아주 우아하다.

두루미보다 낮은 소리로 '뚜르르' 하며 울어댄다. 대개 한 가족이 모여 먹이활동하기 때문에 관찰할 수 있는 건 서너 마리 정도다. 수천 마리 기러기와 함께 모여 먹이를 찾는 경우도 자주 있다.

재두루미는 철원 벌판에서 주로 발견된다. 주로 벼의 낟알을 쪼아 먹느라 하루 종일 벌판에 서 있다. 멀리서 사람들이 다가오면 먹이활동하던 것을 멈추고 물끄러미 쳐다본다. 사람이 완전히 지나가고 나면 그때서야 비로소 먹이활동을 계속한다. 하지만 사람이 더 가까이

다가오면 날아올라 근처 다른 먹이장소로 이동한다.

재두루미는 철원의 한탄강이나 토교저수지 등 물가에서 밤을 세우고 해가 뜨고 난 뒤 8시 이후부터 먹이활동을 시작한다. 특별히 사람이 다가오지 않는 이상 몇 시간이고 계속 한 자리에서 먹이를 찾는다.

01 늦가을 벼베는 시기에 맞춰 북쪽에서 날아오는 재두루미.

02 재두루미가 무리 비행을 하고 있다. 재두루미는 한탄강이나 호수 등지에서 잠을 자고는 아침이면 낟알을 먹으러 벌판으로 나온다.

03 낟알을 찾고 있는 재두루미들.
워낙 키가 크기 때문에 멀리서 사람이 다가오는 느낌이 오면 잽싸게
날아가버린다.

04 어미와 새끼의 가족비행 장면. 새끼들은 머리와 목 부분에 누런 깃털이 여전히 남아 있는 걸 볼 수 있다. 어미는 새끼를 극진하게 보살피며 살아가는 것처럼 보이고, 새끼 또한 언제나 어미를 따라다니며 먹이 찾기, 천적 피하기 등을 학습하는 것 같다. 사진은 재두루미와 함께 먹이활동을 하다가 날아가는 두루미 가족.

05 이른 봄 논갈이 한 곳에서 먹잇감을 찾고 있는 재두루미.

06 단란하게 가족끼리 모여 먹이활동하고 있는 재두루미.

내가 본 재두루미는...

1. 자세를 아주 낮추면 생각보다 아주 가까이 접근해서 관찰할 수가 있다.
2. 새끼는 머리에 누런색을 띤다. 새끼는 키도 작고 몸집도 작아 눈으로도 금방 확인이 가능하다. 어미새에 비하면 경계심이 훨씬 적은 것 같다.
3. 얼굴의 붉은색은 깃털이 아니라, 피부이다.
4. 철원평야에서 관찰하기가 제일 좋은 것 같다.
5. 재두루미는 두루미보다는 작고 흑두루미보다는 크다.

15
청둥오리

고방오리와 함께 분당 탄천에 가장 많은 수를 관찰할 수 있는 오리다. 탄천에는 이미 집오리가 된 청둥오리가 꽤 있다. 그 오리들은 자기들끼리 몰려다니며 먹이활동을 하고 있고, 주로 차병원 옆 물막이 위나 아래에서 살아가고 있다. 집오리처럼 자란 녀석들은 워낙 살이 쪄서 겨울 철새 청둥오리와는 달리, 날아다니지는 못하고 물 위에서 생활만 한다.

청둥오리는 흰뺨검둥오리와 함께 자주 물가에 나와 쉬는 모습을 볼 수 있다. 따라서 말똥가리 같은 맹금류의 공격 대상이 되는 것 같다. 청둥오리 수컷은 머리에 광택이 나는 녹색을 띠고, 암컷은 갈색에 흑갈색의 줄무늬가 나 있다.

고방오리와 함께 자맥질을 하며 물 속의 수초나 식물줄기 등을 먹는데, 해가 질 무렵이면 모래톱 같이 천적의 공격이 어려운 곳을 택해 휴식을 취하는 것 같다. 겨울 철새인 청둥오리는 일부가 우리나라에서 번식하는 것으로 알려져 있다.

01 청둥오리는 탄천에 날아오는 대표적인 겨울 철새다. 개체수가 매우 많은 편이다.

02 비상하는 청둥오리.

03 수컷들이 헤엄을 쳐서 개천을 건너가고 있다.

04 청둥오리는 자주 돌이나 모래톱에 올라와 쉰다. 그래서인지 유난히 말똥가리 같은 맹금류의 공격 대상이 되는 것 같다.

05 한강 강서습지에서 만난 청둥오리들. 암컷 한 마리 주변에 수컷이 세 마리나 모여들어 추위를 피하고 있다.

06 청둥오리는 머리의 녹색 깃털 때문에 쉽게 눈에 띈다.

07 청둥오리는 자맥질을 해서 먹이를 찾아먹기도 하는데, 이와 비슷한 포즈로 먹이활동하는 오리가 바로 고방오리다.

내가 본 청둥오리는...

1. 청둥오리는 털갈이 시기에 비행이 불가능한 것으로 알려져 있다.
2. 청둥오리 암컷은 알락오리와 비슷하지만, 알락오리가 더 작다.
3. 한강 강서습지에서는 큰기러기 무리와 함께 수백 마리의 청둥오리가 집단 생활하는 장면을 목격할 수 있다.

16
탄천

탄천은 새와 떼려야 뗄 수 없는 관계다. 물새들의 경우에 탄천은 대단히 중요하다. 특히 겨울 철새들은 탄천이 한강 주변의 지천 가운데서도 매우 중요한 역할을 하는 것임에 틀림없다. 탄천이 겨우내 얼지 않고 물이 흐르고 물고기와 수초 등의 먹이환경이 매우 좋기 때문이다.

겨울 철새들은 탄천의 중하류 지역, 성남 복정동 아래에 주로 몰려든다. 많을 때는 수천 마리까지 생활하는데, 종류도 다양하다. 제일 많은 개체가 보이는 것은 고방오리다. 그 다음은 청둥오리, 쇠오리 순으로 눈에 띈다. 가을에 노랑할미새와 알락할미새 같은 여름 철새들이 떠난 자리에 백할미새가 날아온다. 백할미새는 탄천 가장자리를 따라 이동하며 먹이를 찾는다.

해오라기와 백로 같은 조류도 탄천에 자주 온다. 주로 백로과의 새들은 모란 옆 물막이 아래에 몰려든다. 그곳에 작은 물고기들이 몰려들기 때문이다. 그에 비해 탄천 상류지역에는 개체수가 많지 않다. 그러니까 대개의 새들은 탄천 모란 아래부터 복정동에 이르는 2~3킬로미터 물가에서 보인다.

요즘은 여름에 물총새도 탄천에 나타난다. 물론 자갈밭이 많은 물막이 아래에는 꼬마물떼새 같이 작은 여름 철새와 흰목물떼새도 관찰할 수 있다.

01 탄천에서 뉴스 촬영하고 있는 모습. 탄천 가에 수풀이 많아서 은폐하기가 좋다.

02 흰죽지 무리가 날아오르는 장면. 한강에서는 수백 마리 또는 그 이상 굉장히 많은 수가 겨울을 나고 있으나, 탄천에는 10여 마리만 모여 있을 뿐이다.

03 흰목물떼새. 복정동 지역 탄천 물막이 아래에는 흰목물떼새 대여섯 마리가 살아가고 있다. 물막이 아래는 먹잇감이 많기 때문에 그곳을 떠나지 않는다.

04 겨울 철새인 백할미새. 백할미새는 탄천을 따라 먹이활동을 하는데, 봄철 알락할미새가 날아오기 전에 북쪽으로 날아간다고 한다.

05 물이 얕은 곳에는 새들이 많이 모여 든다.
백로 같은 큰 새들도 많지만, 흰목물떼새나 백할미새들이 쉽게 눈에 띈다. 봄이면 꼬마물떼새가 날아온다.

06 황조롱이가 가로등 위에서 먹잇감을 찾고 있다.

07 탄천에는 잡종 오리들도 많다. 이 녀석들은 무리지어 돌아다니며 영역을 주장하고 다닌다.

08 물막이 아래서 만난 백로. 물막이 바로 아래에는 작은 물고기가 많아서 백로나 해오라기의 자리싸움이 치열하다.

09 겨울 철새 오리들이 모여 있는 곳이면 꼭 말똥가리가 보인다.
말똥가리는 나무 속에 숨어 있다가 이따금씩 기습작전을 펼친다.

10 집비둘기. 집비둘기는 탄천에도 많지만, 탄천으로 흘러들어가는 작은 지류 곳곳에도 많다.
가을이면 길가의 쥐똥나무 열매를 많이 따먹는다.

11 오목눈이.

12 탄천 양쪽에는 정원처럼 꾸며놓은 곳이 많다.
청둥오리가 물에서 놀다 물 위로 올라와 한참 동안씩 쉬다 간다.

13 이른 봄 남쪽나라에서 가장 먼저 날아오는 여름 철새 알락할미새. 꼬리를 까딱까딱거리며 물가 자갈돌 위에 앉아 먹잇감을 찾고 다닌다.

14 탄천에서 자주 만나는 오리들. 일년 내내 탄천을 돌아다니며 먹이를 찾아다닌다. 겨울 철새 오리들보다 훨씬 크며 가끔 텃세도 부리는데, 행동은 아주 느리다.

15 겨울 철새 넓적부리가 탄천 중류에서 먹이활동을 하고 있다. 아주 예민한데다 개체수가 많지 않기 때문에 자주 만나지는 못하지만, 이따금 고방오리 무리에 섞여 있다.

16 가을철에 만난 여름 철새 노랑할미새. 곧 따뜻한 남쪽나라로 날아가기 직전인 것 같다. 쉴새없이 탄천 가장자리를 따라가며 벌레를 찾아먹고 있다.

17 탄천 물가에서 죽은 채 발견된 황조롱이. 누구에게 공격 당했는지 알 수가 없다.

18 왜가리도 탄천에 자주 오는 텃새다. 주로 얕은 물에서 먹이활동을 하며 살아간다.

내가 본 탄천은...

1. 복정동 아래 쪽은 겨울 철새들이 대거 몰려와 겨울을 보내는 곳이다. 산책로 주변 지역이 넓고 수초로 가려지기 때문에 오리들은 별다른 방해를 받지 않고 살아간다.
2. 모란 옆 물막이 아래에는 쇠백로, 중대백로, 해오라기, 물총새가 주로 날아온다. 깝짝도요도 탄천에서 자주 볼 수 있다.
3. 복정동 탄천 주변에는 수초가 많아 겨울 철새들이 햇볕을 쬐며 쉬러 자주 올라온다. 흰뺨검둥오리는 물에서 많이 떨어진 곳까지 나와 육상생활을 즐기는 것 같다.
4. 탄천을 따라 자라는 키큰 나무에 말똥가리가 앉아 공격 더상을 찾곤 한다.

17
흰뺨검둥오리

흰뺨검둥오리는 분당지역에서 가장 많이 만날 수 있는 오리다. 겨우내 탄천에서 생활하는데, 그 이유는 물이 얼지 않기 때문이다. 초겨울까지는 분당지역의 서현저수지와 율동저수지 같은 곳에서 생활하다가, 얼음이 얼기 시작하면 탄천으로 자리를 옮긴다.

탄천은 먹이 환경이 좋은 것 같다. 흰뺨검둥오리가 몰려 있을 때면 겨울 철새들도 엄청나게 날아오기 때문이다. 겨울에는 청둥오리나 쇠오리가 날아오고 고방오리와 넓적부리 같은 오리들도 모여든다.

봄철이 되면 흰뺨검둥오리들은 짝을 이뤄 흩어진다. 주로 저수지 수초나 가장자리를 따라 돌면서 둘만의 시간을 갖는다. 어떤 녀석들은 계곡을 따라 올라가는 것도 봤다. 5월이 되면 알을 낳고 본격적으로 포란에 들어간다. 일단 새끼들이 알에서 깨어나면 그때부터 어미가 새끼들을 데리고 물 위에서 돌아다닌다.

그때가 가장 위험한 것 같다. 체온조절을 못하는 새끼들을 위해 뭍에 올라와 햇볕도 쬐어야 하는데 그때 고양이 같은 천적이 공격을 하는 것 같다.

겨울이면 북쪽 겨울 철새 흰뺨검둥오리가 탄천에 날아오는데, 그때쯤이면 탄천에는 수십 마리씩 모여 있는 흰뺨검둥오리를 볼 수가 있다.

01 5월 말이 되면 텃새 흰뺨검둥오리가 알에서 깨어난 새끼들을 더리고 여기저기서 모습을 드러낸다. 흰뺨검둥오리는 한번에 10개 정도씩 알을 낳는다.

04 합동작전으로 물고기를 잡는 것처럼 보이는 흰뺨검둥오리. 봄이 되면 둘씩 짝을 지어 다닌다.

02 흰뺨검둥오리는 좀 지저분한 물도 좋아한다.

03 이따금 호숫가에 올라와 곤충이나 벌레도 잡아먹는 것 같다. 사람이 많이 오가는 율동저수지에서는 이런 모습을 자주 보지만, 다른 장소에서는 가까이서 보기 어렵다.

05 어린 새끼들을 데리고 먹이활동하는 흰뺨 검둥오리. 오리는 워낙 날개 발육이 늦기 때문에 어미는 날 수 있을 때까지 한참 동안 뒷바라지해줘야 한다.

06 늦은 오후 깃털을 다듬고 있는 흰뺨검둥오리.

07 흰뺨검둥오리는 인가가 있는 곳까지 깊숙이 들어오기도 한다. 이들은 가로등 불빛을 이용하여 밤 늦도록 먹이활동한다.

08 보호색이 뛰어나 개천에 들어가 있으면 잘 눈에 띄지 않는다. 탄천으로 연결되는 작은 지류를 훑어가며 먹이활동하는 걸 자주 본다.

09 수로 바닥의 물풀을 훑어먹고 있는 흰뺨검둥오리.

내가 본 흰뺨검둥오리는...

1. 몸길이 61센티미터의 텃새이자 겨울 철새다. 다른 오리류에 비해 물밖 생활을 좀 더 많이 하는 것 같다. 뭍 생활 시간이 길어서인지 자주 말똥가리 같은 천적의 공격대상이 되는 것으로 보인다.
2. 주로 물가 수초 사이에 둥지를 만들고 알을 낳는데, 학교 연못이나 심지어 산꼭대기에 있는 절 연못까지 올라가 알을 낳는다.
3. 새끼들이 알에서 깨어난 뒤부터 2~3일이 지나면 탄천이나 저수지 같은 큰 물로 새끼들을 데리고 간다.

18
곤줄박이

내가 만나본 새 가운데 곤줄박이만큼 착한 새도 없는 것 같다. 녀석은 먹이가 많이 없는 겨울철에 땅콩을 손에 얹어 부르면 잽싸게 날아와 쪼아먹는다. 먹이욕심이 많은 건지, 아니면 사람에 대한 경계심이 없는 건지는 잘 모르겠다.

우리 아파트 단지에 주목나무가 있다. 가을에 빨갛게 주목열매가 매달려 있었는데, 어느 때부터 곤줄박이 한 쌍이 오기 시작했다. 처음에는 조금만 따먹더니 나중에는 아예 가지를 앉는다. 곤줄박이는 열매를 따서는 나뭇가지에 올리고 두 발로 감싼 다음 쪼아먹는다. 다른 새들에 비하면 먹는 속도가 매우 느리지만, 일단 먹잇감이 발견되면 포기하지 않는다.

한번은 둥지 떠난 새끼들을 데리고 물웅덩이에 나타난 곤줄박이 식구들을 만난 적이 있다. 곤줄박이 새끼들은 어미처럼 황갈색 짙은 깃털이 아니라, 마치 탈색된 것처럼 희미한 색깔을 보인다. 그 모습을 보고는 한참 동안이나 깔깔대고 웃었다.

주로 공원이나 산기슭에서 만나게 되는데, 박새처럼 많은 개체수가 있는 건 아니다.

01 영장산에서 만난 곤줄박이. 사람들이 주는 땅콩을 기다리느라 꼼짝하지 않고 있다. 땅콩을 주다 안 주면 따라오기까지 한다.

02 작은 샘물에 나타난 곤줄박이. 워낙 목욕하는 걸 좋아한다.

03 곤줄박이는 활동량이 많아서인지 목욕장면을 자주 만나게 된다.

04 물웅덩이로 목욕하러 온 곤줄박이. 한두 번 물을 적시다가는 한참 동안 경계를 한 다음 계속 목욕을 한다. 산새들 가운데 사람을 가장 무서워하지 않는 새 같다.

05 목욕을 하고 있는 곤줄박이.

06 아파트 단지에 들어온 곤줄박이.
아파트 단지 안의 주목나무 열매를 아주 좋아하기 때문에 겨우내 단지 안에 머물러 배를 차우며 살아간다.

07 둥지를 갓 떠난 곤줄박이 새끼. 곤줄박이 원래의 색깔이 탈색된 것처럼 뿌옇게 보인다. 경계심이 없어 카메라 앞까지 다가온다.

내가 본 곤줄박이는...

1. 사람에 대한 경계심이 정말 적은 것 같다. 언제, 어디서든 땅콩 한 알만 있으면 곤줄박이와 친구가 될 수 있다.
2. 열매를 참 좋아한다. 특히 주목나무의 빨간 열매는 곤줄박이가 가장 좋아하는 열매인 것 같다. 곤줄박이는 먹이를 저장해두는 습성이 있는 것 같은데, 나무에 매달려 있는 주목나무 열매는 따로 저장하지 않은 채 겨우내 따먹고 있었다.
3. 새끼들은 황갈색이 탈색된 것처럼 아주 흐릿한 색깔을 보인다. 어미와 행동은 비슷하지만, 색깔은 완전히 다르다.
4. 사람들이 다니는 등산로 주변이나 공원에서 많이 관찰할 수가 있다.

19
까치

까치는 너무 흔한 텃새여서 누구한테도 관심을 얻지 못하는 것 같다. 초등학교 시절 까치는 그래도 괜찮은 이미지가 있었지만, 점점 시간이 갈수록 까치는 나쁜 새 취급을 받고 있다. 실제 까치는 숲이나 동네에서 분명 나쁜 짓을 더 많이 하는 것 같다.

한번은 흰눈썹황금새가 공원 유리창에 부딪혀 바닥에 떨어진 일이 있었다. 자신의 영역을 돌아보던 까치가 흰눈썹황금새를 보고는 내려앉았다. 그리고는 잔인하게 쪼아 죽여버렸다. 까치에게 자비는 없었다.

까치가 둥지 짓는 일은 좀 특이하다. 까치는 이미 가을이 지나고 겨울이 오기 전, 그러니까 연말부터 둥지작업을 한다. 이미 써먹었던 둥지 위에 이층집을 짓기도 하고, 리모델링 작업을 해서 재사용을 하기

01 3월초에 한창 집짓고 있는 까치.

도 한다.

까치가 나무 꼭대기나 전봇대 위에다 둥지를 짓는 건 이해가 안 된다. 왜 힘들게 그렇게 높이 집을 지을까? 한번 날아오르려면 엄청나게 힘들텐데 말이다. 그런데도 까치는 예외없이 10미터 이상의 높이에 둥지를 짓고 있다.

몇 년 동안 까치를 관찰하면서 가장 놀라웠던 것은 까치가 무리를 지어 잠을 자고 있다는 점이다. 분당의 까치는 해가 질 무렵이면 큰 소리로 울어대며 모여든다. 그리고는 소나무숲에 가서 잠을 청한다. 물론 모두 함께.

02 까치는 자신의 영역을 철저하게 지키는 것 같다.

03 이른 봄이 되면 자신의 영역에 어떤 녀석들이 들어왔는지 눈여겨본다.
누구든 영역에 들어온 녀석은 가만두지 않는 까치.

04 호기심이 많은 까치. 하지만 땅바닥에서는 빨리 달리지 못하기 때문에 작은 새들을 공격하기 어렵다.

05 바닥에 내려와 벌레를 잡아먹는 까치. 까치는 잡식성인데다가 워낙 먹성이 좋기 때문에 먹이가 있는 곳에는 까치가 있다.

06 까치는 같은 무리끼리도 끊임없이 싸운다. 특히 둥지를 두고 싸울 때는 한치의 양보가 없다. 산이나 마을에 사는 우리 텃새 가운데 가장 포악한 새가 아닐까?

내가 본 까치는...

1. 매일 자신의 영역을 돌아본다. 마치 경찰이 자신의 구역을 순찰하는 것처럼 몇 번이나 그 지역을 돌아보는 것 같다.
2. 자신의 영역에 들어와 있는 새들은 일단 공격 대상이 된다. 특히 까치 구역에 알을 낳는 건 까치한테 용서받지 못하는 것 같다. 만일 발견된다는 그냥 내버려두지 않는다.
3. 사람들이 버린 식당 음식찌꺼기를 좋아한다. 특히 남한산성이나 산기슭 근처에서 식당을 하는 사람들이 내다버린 음식 찌꺼기를 좋아한다. 밥알도 있고, 고기도 있으니까 식사로는 그만인 게 아닐까?
4. 새로 짓는 둥지를 두고 싸움질하는 걸 자주 본다.

20
노랑할미새

노랑할미새는 여름 철새다. 재미있는 건 노랑할미새가 다른 새들보다 더 일찍 우리나라에 온다는 점이지만, 특이한 건 아주 늦게 오는 녀석도 있는 것 같다는 점이다. 그러니까 4월부터 6월에 이르기까지 노랑할미새의 우리나라 상륙 시기가 제각각인 셈이다.

꼬리를 까딱까딱 거리면서 물가를 찾아오는 노랑할미새. 샛노란 색깔이 너무나 예뻐 한 번 보면 눈을 떼지 못할 정도다. 노랑할미새는 눈치가 아주 빠르다. 사람이 다가오는 걸 아주 잽싸게 보고 또 잽싸게 도망간다. 그렇지만 그 자리에 앉아서 있으면 다시 그 자리를 찾아오는 습성이 있다.

노랑할미새는 다양하게 둥지를 튼다. 돌틈이나 구조물의 틈새에 둥지를 틀기도 하고, 심지어 사람이 사는 곳에 둥지를 틀어서 깜짝 놀라는 경우도 있다. 사람이 사는 집 창문에 걸어둔 바구니에 둥지를 틀어 새끼를 키우는 녀석도 있었다.

어쨌든 새끼 키울 때의 정성과 사랑은 대단하다. 새끼가 둥지를 이소하고 나서도 한동안 어미들이 새끼들에게 먹이를 갖다 준다.

01 물가에서 작은 벌레를 잡아먹고 사는 노랑할미새.

02 물가를 따라 먹이활동하고 있는 노랑할미새.

03 이따금 공중회전 같은 것을 하며 묘기를 부린다.

04 꼬리를 까딱까딱거리며 살아가는 노랑할미새.

05 작은 벌레 한 마리를 부리로 낚아챈 노랑할미새.

06 까치가 울며 접근하자 자세를 바짝 낮추고 경계태세에 들어가는 노랑할미새.

내가 본 노랑할미새는...

1. 새도감에서 분류할 때 대개 산새로 나와 있는데, 노랑할미새는 거의 물가 생활을 하는 물새가 아닌가 생각된다.
2. 번식철에는 수컷의 멱이 검게 변해서 한눈에 알아볼 수 있다.
3. 주로 개천 물가에서 볼 수 있는데, 수서곤충이나 작은 벌레들을 매우 좋아하는 것 같다. 수로나 하수구 등의 지저분한 물가를 아주 좋아하는 듯 보인다.
4. 꼬리를 상하로 흔들며 다닌다. 날아오를 때 '찌지짓' 하며 소리를 지르는 특성이 있다.
5. 노랑할미새는 눈썹선이 흰색이다.

21
비오리

겨울 철새 비오리는 매우 인상적이다. 늘씬한 몸매도 그렇고 특히 뾰족한 부리가 더 멋있어 보인다. 겨울철 탄천에서는 비오리를 가끔 만날 수 있다. 주로 탄천 중하류 지역에 모습을 드러내는데, 눈치가 빠르고 경계심이 강해 사진을 제대로 찍기가 쉽지 않다.

비오리는 잠수하는 오리다. 잠수해서 물고기 같은 먹이를 사냥한 다음 물 밖으로 올라온다. 그렇다고 계속 잠수를 하는 것도 아니다. 어느 때는 잠수 안 하고 수면 위에서 그냥 왔다갔다를 반복하는 경우도 있다. 특이한 것은 흰뺨검둥오리처럼 요란스럽게 울음소리를 내지 않는다는 점이다.

탄천이나 경안천 등지에서는 이따금씩 비오리를 발견하지만, 강원도 강릉에서는 무리지어 다니기도 한다. 한꺼번에 수십 마리씩 줄지어 이동하는 걸 보면 마치 해군 경비정이 출동 훈련을 하는 것처럼 보인다. 그런데 참 특이한 것은 비오리 수컷이 잘 안 보인다는 것이다. 보이는 건 머리 깃털 갈색의 암컷들이고, 짙은 녹색 깃털의 수컷은 좀처럼 보이지 않는다.

01 겨울 철새 비오리 암컷들. 부리가 길고 뾰족하며 갈고리처럼 휘어 있다.

02 흰뺨검둥오리 사이를 지나가는 비오리.

03 수컷 비오리 한 마리를 두고 암컷이 무려 10여 마리나 모여 있다.

04 하루 일과가 끝난 것처럼 깃털을 다듬고 있는 비오리.

05 비오리 무리에 수컷 원앙이 날아왔다. 하지만 별 충돌없이 사이좋게 먹이활동을 한다.

06 암컷 여러 마리가 수컷 한 마리를 애워싼 것처럼 보인다.

07 머리깃이 사자갈기처럼 뻗쳐 있다.

08 경계심이 많은 비오리. 조금만 인기척이 나도 잽싸게 날아가버려 번번이 촬영에 실패했다.

내가 본 비오리는...

1. 수컷보다 머리 깃털 누런 암컷이 훨씬 많은 것 같다. 어디서 관찰하든 암컷의 비율이 더 높은 것 같다.
2. 주로 잠수를 해서 물고기를 잡아먹는 오리다. 따라서 겨울철에 얼음이 얼지 않는 큰 강이나 탄천 같은 지류에 와서 겨울철을 난다.
3. 경계심이 워낙 강하고 아주 예민해서 접근이 어렵다. 조금만 이상한 소리가 들려도 잽싸게 날아가버린다.
4. 우리나라 강원도 동강 등지에서 번식하는 사례가 있다고 들었는데, 확인해보지는 못했다. 겨울 철새 비오리의 여름철 모습은 과연 어떨까? 상상만 해도 기분이 좋다.

22
어치

어치는 까마귀과라 그런지 정말 똑똑하다. 숲속에서는 폭군이다. 특히 봄철 새들이 번식할 때면 어치가 아주 활발하게 활동한다. 어치는 평소에 덤불이나 나뭇가지 등에 숨어 있길 좋아한다. 그러나 기회가 닥치면 주저없이 둥지를 공격해서 알을 훔쳐가거나 새끼를 잡아먹는다.

도토리는 어치의 중요한 먹이다. 가을철 도토리가 떨어지고 잘 익을 때면 어치가 바닥에 돌아다닌다. 녀석이 도토리를 물어다가 어디엔가 저장하려는 것 같다. 어치는 잡식성이라 이처럼 열매도 매우 좋아하는 것 같다. 심지어 분당 영장산 곳곳에 있는 감나무에 감이 익을 때면 어치가 꼭 나타난다. 어치는 한참 동안 감을 쪼아먹고 사라져버린다.

01 나뭇가지 사이에 주로 숨어 있는 어치. 보통 '산까치'라고 부르기도 한다.

어치는 물웅덩이에 들어가 목욕을 하기도 하는데, 언젠가 비행을 하다 잠시 물에 빠졌다가 다시 날아오르는 식으로 목욕을 하는 광경을 보고 깜짝 놀랐다. 아마 주변 나무나 덤불 같이 은폐물이 없었기 때문에 그냥 물에 들어가서 목욕하는 게 싫었던 모양이다.

02 어치는 산에서 주로 살아가지만 사람이 사는 동네까지 내려오기도 하고, 심지어 물가에도 자주 모습을 드러낸다.

03 물마시는 어치.
숲속의 포식자답지 않게 물 마시는 모습을 보면 아주 얌전하게 사는 새처럼 보인다.

04 어치는 평상시에 잘 움직이지 않고 사방을 살피며 먹잇감이 어디 있는지 살피는 것 같다.

05 일단 먹잇감이 발견되면 즉시 행동에 옮긴다. 날아갈 때도 깃털 소리가 거의 들리지 않기 때문에 다른 새들은 어치의 존재를 알지 못한다.

06 어치도 누군가에 공격을 당해 깃털만 남아 있다.

내가 본 어치는...

1. 어치는 비행할 때 날개 소리가 잘 들리지 않는다. 그래서 작은 새들은 어치가 날아오는 걸 잘 눈치채지 못하는 것 같다.
2. 평상시에는 덤불이나 나뭇가지 속에 숨어 있기를 좋아한다. 그 속에서 다른 새들의 움직임을 관찰하며 뭔가 기회를 엿보는 거라고 생각한다.
3. 늦가을부터 겨우내 어치는 바닥생활을 더 많이 하는 것 같다. 주로 도토리를 찾지만, 이따금 밤 같은 다른 열매도 찾아내 저장한다.
4. 어치가 내는 소리는 정말 다양하다. 꾀꼬리의 아름다운 소리부터 시작해서, 까치 소리, 심지어 직박구리 흉내도 잘내는 것 같다.

23
꼬마물떼새

꼬마물떼새는 물떼새 종류 가운데 가장 작은 여름 철새다. 참새보다 약간 크다. 하지만 꼬마물떼새는 대단히 용감한 새로 알려져 있다. 개천이나 강가 또는 바닷가 등에서 주로 사는 꼬마물떼새는 사람이나 덩치 큰 천적이 나타나면 겁 없이 달려든다. 날개가 다친 것처럼 흉내를 내서 천적을 유인한다. 몇 번이나 그 다친 척하는 꼬마물떼새를 쫓아갔다가는 둥지에서 아주 멀어지고 만다. 그게 꼬마물떼새의 작전이다. 그런데 사람처럼 큰 천적 앞에서 그런 용기를 보이기는 어렵다고 생각한다. 그런 면에서 꼬마물떼새는 대단한 것이다.

꼬마물떼새는 개천의 자갈밭에다 알을 낳는다. 알은 보호색이 아주 뛰어나다. 가까이 가서도 구별이 안 될 정도로 자갈과 색깔이 거의 똑같다. 가끔 개천에 고양이나 개가 돌아다니기는 해도 그 알을 발견하지는 못하는 것 같다.

가장 안타까운 일은 꼬마물떼새가 낳은 알이 비 피해를 입는다는 점이다. 봄에 비가 많이 올 때 그렇다. 개천에서도 그렇고, 언젠가 들은 이야기지만, 바닷가에서도 수많은 알이 물에 휩쓸려갔다는 애기를 들은 적 있다. 조금 높은 곳에 둥지를 틀었으면 문제가 없었을텐데.

01 물가에서 경계를 하다 깃털을 부풀려보는 꼬마물떼새.

02 알에서 갓 깨어난 꼬마물떼새. 알에서 깨어났어도 새끼들은 곧바로 뛰어다니며 숨거나 먹이활동을 한다.

03 물가의 자갈밭이나 식물 등은 모두 꼬마물떼새에게 살아가는 데 도움이 된다.

04 새끼를 품어주고 있는 꼬마물떼새 어미. 새끼들은 어미 품에 들어가 몸을 따뜻하게 하다가 다시 나가 먹이활동을 한다.

05 어미는 늘 새끼들 곁을 지키다가 천적이 다가오면 삽시간에 달려가 새끼들을 보호한다. 새끼들을 보호하는 일이라면 목숨을 걸 만큼 꼬마물떼새는 아주 용감한 새다.

06 새끼들이 있는 주변을 경계하고 있는 꼬마물떼새.

07 꼬마물떼새는 '삑삑'거리며 암수가 끊임없이 신호를 보낸다.

08 주말 내내 지켜봤더니 별다른 경계를 하지 않고 아주 가까이 다가온다. 노란 눈테가 아주 예쁘다.

09 새끼 한 마리가 잘못해서 내 앞에 왔다가 깜짝 놀라 웅크리고 앉았다. 내가 발을 뗄 때까지 꼼짝도 하지 않는다. 이 새끼는 대체 어디서 이런 기술을 배웠을까?

내가 본 꼬마물떼새는...

1. 큰 천적이 다가오면 다친 척한다. 그게 바로 의상행위인데, 사람이든 큰 동물이든 꼼짝없이 속고 만다. 대단한 연기력이 있는 새라고 해도 맞을 것 같다.
2. 물가에 둥지를 트는 건 매우 위험한 일이 아닐까 생각된다. 좀 높은 곳에 알자리를 만들어 둥지를 틀면 좋을 텐데, 꼬마물떼새는 아주 낮은 곳에 자리를 잡고 알을 낳는다.
3. 알이나 새끼들을 키울 때 내는 신호는 아주 발달해 있는 것 같다. 무슨 뜻인지는 잘 몰라도, 소리를 높이거나 낮춰서 신호를 보낸다. 물른 작은 새끼들도 그 신호를 잘 알아듣는 것처럼 보인다.

24
남한산성

남한산성은 가면 갈수록 아주 흥미로운 곳이다. 무엇보다 새들이 참 많다. 여름 철새도 다양하고, 웬만한 겨울 철새들도 다 모여든다. 남한산성은 성남 등지의 날씨보다도 더 춥고 봄도 늦게 찾아오는데, 새들은 어쨌든 많이 모인다. 아마도 남한산성에 먹잇감이 많기 때문이 아닌가 생각된다. 벌레도 많고, 지렁이도 많고, 가을이 되면 열매와 씨앗이 넘친다.

산성에는 사람들이 많이 온다. 등산하는 사람들, 놀러온 사람들이 남한산성에 너무 많은 길을 만들어 마치 거미줄처럼 만들어 놓았다. 그게 산새들에게 굉장히 나쁜 영향을 미칠 것 같다. 산성을 올라갈 때마다 느끼는 것이지만, 그런 등산로를 정리하고 막아야 우리 생태계가 건강하게 될 것 같다.

겨울철 산성에 가는 재미는 따로 있다. 바로 샘물이다. 산성에서 겨우내 물이 나오는 샘물은 산새들에게 없어서는 안될 것이다. 텃새든, 겨울 철새든 대부분의 새들이 그 물을 마시러 오고, 목욕하러 나타난다. 그 물을 마시는 새들은 모두 공평한 것 같다. 특별히 싸우지도 않는다.

01 수풀이 우거진 남한산성. 새들이 살기에 안성맞춤이다.

02 남한산성의 남문 전경. 눈이 많이 내린 날이다.

03 고욤나무 열매를 따먹으로 날아온 노랑지빠귀.

04 남한산성 샘물에서 물을 마시는 박새.

05 산성 곳곳에는 강풍에 쓰러져 있는 나무가 많다. 모두 새들이 숨거나 쉼터로 이용된다
이것들을 치우는 건 바람직하지 않다고 본다.

06 겨울에 만난 되새 무리. 되새는 수십 마리씩 몰려다니는데, 남한산성에는 단골로 자주 오는 겨울 철새다.

07 되새가 나뭇가지에 앉아 사방을 경계하고 있다.

08 남한산성 샘물에 물 마시러 날아온 동고비.
겨울철에도 샘물이 얼지 않기 때문에 동고비는 물론, 수많은 산새들이 이 샘물에 몰려온다.
물론 겨울 철새들도 이곳을 그냥 지나치지 않는다.

내가 본 남한산성은...

1. 텃새든, 철새든 굉장히 다양한 새들이 남한산성을 찾아오는 것 같다 그 가운데는 희귀조도 있다.
2. 귀룽나무가 쓰러져 있는 샘물 주변에 새들이 몰려든다. 산새들은 보통 먹이활동을 하다가 샘물에 와서 물을 마시거나 목욕을 한다. 박새류의 새들은 그곳에 와서 자주 목욕을 하는 편이다.
3. 거미줄처럼 나 있는 등산로 때문에 새들의 생태계가 악영향을 입는 것처럼 보인다. 이 부분은 빨리 개선해야 할 것 같다.
4. 남한산성은 그 안쪽이 분지처럼 만들어져 있어서 그런지 독특한 생태계를 이루는 듯 보인다.

25
박새류

박새과의 텃새는 여럿이다. 쇠박새도 있고, 박새와 진박새도 있다. 물론 곤줄박이도 있는데, 이 책에서는 곤줄박이를 따로 다루었다. 박새와 쇠박새는 대개 같은 생활권에 있는 것 같다. 물 마시는 장소도 비슷하고, 먹이활동 영역도 다르지 않다. 다만 쇠박새는 크기에서 박새보다 좀 더 작다.

박새들은 모두 나무 구멍이나 전봇대의 구멍 또는 인공둥지에서 번식을 한다. 이 가운데 최근에는 인공둥지 번식 빈도가 점점 높아지는 것 같다. 하지만 진박새의 경우는 관찰되는 경우가 많지 않다. 어쩌다 한번씩 물웅덩이나 샘물에 나타날 뿐인데, 한번은 아파트에 걸어둔 버드피더에 진박새가 나타나 먹이를 쪼아먹고 날아간다.

박새과의 새들을 보고 있으면 정신이 없다. 잠시도 가만히 있지 않는다. 아마 그것이 때까치나 다른 천적들을 대비한 생존방식인지도 모른다. 그렇게 빠르게, 또 한 곳에 멈춰 있지 않는 것이 그들의 생존에 유리하기 때문일지도 모른다.

01 눈온 날의 박새. 박새들은 주로 풀씨를 쪼아먹기 때문에 눈이 내리면 어려움에 처하는 것으로 보인다.

02 박새 한 마리가 나뭇가지에 앉아 사방을 살피고 있다.

03 겨울철에 사람들이 뿌려놓은 먹이를 먹으러 날아온 박새.

04 박새들은 여러 마리가 몰려다니며 먹이활동을 한다.

05 날개를 활짝 펴며 날아오르는 쇠박새. 이렇게 작은 새가 날개 편 것을 찍으려면 운도 따라줘야 한다.

06 쇠박새가 수풀 속에서 나와 포즈를 취해주었다.

07 풀씨를 찾는 쇠박새. 쌓인 눈이 녹자 먹이를 찾아 먹고 있었다.

08 눈이 오고 바람도 많이 부는 날 쇠박새 한 마리가 깃털을 부풀리며 앉아 있다.

09 목욕하고 있는 쇠박새.

10 목욕을 하다가 잠시 경계태세를 취하고 있는 쇠박새.

내가 본 박새는...

1. 구멍둥지에서 번식을 하고 있었다. 인공둥지를 가장 좋아하는 것 같고, 딱따구리가 파놓은 구멍둥지도 이용해서 번식을 한다. 다른 새들보다 좀 더 일찍 번식을 시작하는 것 같다.
2. 다른 산새들에 비해 경계심이 덜한 편이다. 겨울에 땅콩 같은 먹이를 주면 손바닥까지 날아와 먹이를 채간다. 눈이 와서 씨앗 먹이가 없어지면 사람한테 더 많이 날아온다.
3. 아주 자주 물을 마시고 목욕을 하는 것 같다.
4. 박새류는 노랑턱멧새와도 자주 무리지어 다니는 것 같다. 서로 경계도 같이 하고 잘 통하는 것 같다.